그 길에서 문득
너를 만나면

그 길에서 문득 너를 만나면

초판 1쇄 인쇄	2024년 10월 15일
초판 1쇄 발행	2024년 10월 31일

신고번호	제313-2010-376호
등록번호	105-91-58839

지은이	이윤정

발행처	보민출판사
발행인	김국환
기획	김선희
편집	조예슬
디자인	김민정

ISBN	979-11-6957-242-2 03810

주소	경기도 파주시 해올로 11, 우미린더퍼스트@ 상가 2동 109호
전화	070-8615-7449
사이트	www.bominbook.com

- 가격은 뒤표지에 있으며, 파본은 구입하신 서점에서 교환해드립니다.
- 이 책은 저작권법에 의하여 보호를 받는 저작물이므로 무단 전재와 복사를 금합니다.

이윤정 시인의 첫 번째 시집

그 길에서 문득
너를 만나면

어떤 인생이든 아프지 않은 삶은 없을 것이고
누구나 지나온 날들에 아쉬운 얼룩이 없으랴

(추천사)

    시인의 이번 시집은 그리움에 관한 이야기가 담겼다. 먼저 시에서 그가 살아온 궤적을 느끼며 그가 표현한 단상을 살펴보았다. 그간 인생을 살아오면서 삶의 어려움도 많았으나 나름 잘 견디며 살아왔다고 자부하는 시인을 만난다. 그는 자신의 삶을 진심으로 살았으며 성실하게 살아온 것이다. 이는 자연에 순응하는 것이기도 하다. 또한, 시인이 그려내는 그리움은 지나간 시절에 대한 것들이 많았다. 과거의 시간과 만나면서 자신을 돌아보고 성찰하는 형태라 하겠다. 그가 표현한 세계는 정겹고 따뜻하며 안정적이다. 이에 자신에게 위로와 박수를 보내는 시편도 여럿 보인다. 지금까지 잘 살아온 시인에게 필자도 박수를 보탠다. 시인으로 산다는 것은 자신과 사회를 생각하는 것이다. 시인에게 앞으로 남은 숙제라 하겠다. 또한, 시인으로 산다는 것은 미세한 틈을 보이면서 굶고 있는 어떤 현상을 표현하는 것이다. 이것이 철학이요, 삶이다. 시인의 맑은 영혼을 만나면서 우리 사회가 더 밝고 튼튼해질 것이라 믿는다.

2024년 10월

편집위원 **김선희**

시인의 말

시를 쓰게 된 것은 내겐 어떤 그리움이었다

그리움과 마주 보고 싶었다

막다른 골목 같았던 그때

막힌 가슴 풀고 긴 호흡 할 수 있게

내게로 와 손을 잡아 벗이 되어 주었다

이제

사랑으로 품어왔던 내 벗을

세상으로 보내주려 한다

사랑하는 이들에게 편지를 쓰듯

마음의 소리를 써 가던 지난 시간이

그리움으로 다가온다

내 딸(예주)이 성숙해 가듯

내 시도 무르익어 가면 좋겠다

첫 시집 용기를 내본다

2024년 10월

시인 **이윤정**

목차

추천사 • 4
시인의 말 • 6

제1부.
봄, 너를 만나면

그 길에서 • 12
봄 길 • 14
봄이 날아간다 • 15
그 토분은 잘 있을까? • 16
청보리 주단 • 18
나란히 앉아 • 20
흔적 • 22
까치의 주날 하우스 • 23
누군가 걸었을 이 길 • 24
바다와 나 • 26
나무와 장미 • 28
멀리서 보니 • 29
아줌마 거리 • 30
세월이 흐르고 봄 • 32
산에 무지개가 떴다 • 34
그곳에 가는 길 • 35
달빛 내린 밤 • 36
대박을 꿈꾸며 • 38
길이 부른다 • 40
마음은 다 그래 • 41

제2부.
여름, 너를 만나면

우리 동네 카페 • 44
지독한 외사랑 • 46
속만 채우다 • 48
가지런한 슬리퍼 • 50
타들어 가는 마음 • 51
내 생일인데 • 52
함께 걷는 게 어디야 • 53
가로등 씨 • 54
3단 창문 너머 • 56
따라쟁이 • 58
엉킨 실타래 • 59
내 낯빛 • 60
이제 깨어나서야지요 • 61
네가 있어 다행이야 • 62
인연의 끝자락 • 63
심심한 오후 • 64
일단 한번 가보자 • 65
인생이니까 • 66
내 딸 꿈도 파랗다 • 67
봄이 오고 있다 • 68

제3부.
가을, 너를 만나면

고향에 돌아오다 • 72
순이 꽃 • 73
봄, 그대가 떠나갔습니다 • 74
초승달의 꿈 • 75
그 집 • 76
고요한 달빛 • 77
너는 그곳에 • 78
사랑 꽃 • 79
나 아직 그곳에 • 80
이미 시간이 지난 • 81
명랑한 아가씨 • 82
네가 온다면 • 83
상처 난 네잎클로버 • 84
한 시절 인연 • 86
풀리지 않는 진실 • 88
지친 진실 • 89
사랑이 화가 났다 • 90
세 잎을 가진 너 • 92
혼자 놀기 • 93
휴식 • 94

제4부.
겨울, 너를 만나면

데코레이션 • 96
지으신 이 있으니 • 97
하늘에서 보내온 꽃바구니 • 98
가야 할 그곳 • 100
기적의 꽃 • 101
순결한 그대 • 102
내 손 잡아 주소서 • 103
그 사랑 • 104
작은 손 • 105
참새 마을 • 106
여름 바람 • 107
흔들리지 마 • 108
널 보면 그래 • 109
뚜벅이 • 110
하늘에 큰 잔치가 열리나 보다 • 112
나의 호수 • 114
구부러진 손 • 116
흰 눈 되어 • 117
내 그림자야 • 118
내게로 오는 길 • 119

제1부.
봄, 너를 만나면

꽃잎들 이리저리 바람에 나뒹굴며
애달픈 몸짓으로 바쁘다

그 길에서

내가 좋아하는 보물 같은 길이 있다
아직은 그 아름다운 길을
아는 사람이 별로 없으리라
그곳을 지키는 윤기 자르르 흐르는 까치 말고는

오늘도 그 길을 찾았다
길의 초입에서부터 막아선다
요즘 들어 자주 찾는
나의 그래파이트 색상의
자동차를 알아차린 걸까?
길을 막고 내어주지 않는다

한참을 기다린다
길을 내어줄 때까지
어떻게 해야 까치의 마음을 얻을 수 있을까?
그 아름다운 단풍잎과 들풀들이
어우러진 오붓한 그 길

까치도 내 마음이랑 같은가 보다
나만 알고 싶고 나만 느끼고 싶은
그 길, 어쩌지?
내가 양보해서 가끔 찾아가야 하나?
아님 익숙하도록 자주 들이밀까?

한번 마음 터놓고
까치랑
차 한 잔을 나누어야 할까?

봄 길

하늘에
수놓아진 별들을
누가 땅 위에 뿌려 놓았을까
산길이
온통 별 밭이다

잠시 걸음을 멈추고
꽃잎 하나
가슴에 담으니
달빛에 네 얼굴이 스민다

꽃잎 또 하나의 별
가슴에 품으니
그리움이 따라 들어온다

지나온 얼굴
내 안에서 꿈틀거린다

봄이 날아간다

4월의 산자락엔
만개한 연분홍 벚꽃 가득하다
맘껏 사랑을 퍼주고 가려는지
꽃잎들 이리저리 바람에 나뒹굴며
애달픈 몸짓으로 바쁘다

내일,
비 온다는 소식 있던데
이 산자락도 곧 고요해져
수많은 발걸음도 멈춰 서겠지

꿈처럼 다가와
메마른 내 마음 흔들어 놓고
홀연히 떠나간 그 자리엔

밤이면
너처럼 나뒹굴다 잠이 들겠구나

15

그 토분은 잘 있을까?

지난해 화창한 어느 봄날
화혜마을 나들이 갔다
작은 토분 하나를 손에 들었다

너무 예뻐
수험생 딸 선생님이 떠오르고
고마운 분들이 줄줄이 떠올라
토분 몇 개를 더 사 들고
한 사람 한 사람
감사한 마음으로 리본을 달아
이름을 쓰고
작은 상자에 살짝 넣어
조심스레 자동차에 실었다

그리고 무릎 위에 정성껏 올려놓아
만져주고 쓰다듬고 감사의 마음도 담아
살짝 전해준 작은 토분이

그 여리여리하던 초록이들
어느 창가 햇살 받으며
잘 자라고 있을시 궁금하다

그 봄날의 작은 토분이들 생각하면
지금도 마음이 몽글몽글해진다

청보리 주단

길을 걷다 보면 네가 생각나
밤하늘에 별 달을 보아도
바람이 불고
비가 내려도

초록빛 세상 싱그런 봄 향내
곱게 피어난 들꽃을 보아도
네가 생각나

나뭇잎 붉게 물든 그 길에 서면
아련한 그리움에 잠시 머뭇거리기도 해

하얀 눈이 흩날리는 그 겨울에도
잠시 걸음을 멈추게 되는 건
네가 떠올라서 그래

마음속 길을 내고
사월의 청보리 주단을 깔아 놓으면

내게로 걸어오려나
자꾸 네가 생각나

나란히 앉아

마을
잘 내려다보이는 산 중턱에
의자 둘 나란하게 놓여 있다
하나가 아닌 둘이다

누구든
나란히 앉게 되면
사랑이 싹트는 의자라면 좋겠다

나 한자리
내 옆 너 나란히 앉아
저 산 아래
김 모락모락 피어오르는 마을 보며
도란도란
얘기 나누었으면 좋겠다

나 한자리
내 옆 너 한자리

저 산 아래

노을 바라보며

같이 웃을 수 있음

좋겠다

흔적

쓱
지나간 자국
아픈 생채기
깊게 파인 그리움이
내 안에 납작 엎드려 있다
그 흔적
흐린 미소가 비 오는 오늘
나를 더 짓누른다

우산을 펴고 빗길을 나선다

까치의 주말 하우스

추운 겨울인데 아파트 화단에
때아닌 목련꽃 꽃망울이 맺혀 있다
이변이다

그 자그마한 목련꽃 나뭇가지 위에
집을 지은 까치는
봄날의 아름다운 추억에
집을 지었는지도 모르겠다

나지막하고 조촐하게 지어 논 걸 보니
주말 하우스 같기도 하다
목련꽃 피는 사월엔
아름다움에 묻혀 까치는 행복하겠다

나도 사월이 오면
젊은 베르테르의 가슴 시린 사랑의 편지를
그 꽃잎 아래 뒹굴뒹굴 읽으며
며칠간 머물다 오고 싶네

누군가 걸었을 이 길

푸릇푸릇 초록 나무들
누가 심어 놓았을까

이 길 따라
쭉 걸어가면 내 마음 아련해져

살랑살랑 속삭이는 초록 나무들
잠자는 내 가슴 흔들어 깨워 노래하게 해

길을 만들고 나무를 심고
사랑도 함께 심어 놓았나 봐

촉촉한 이 길 걷다 보면
그리운 이 더 그리워져

나 지금
사랑의 오솔길을 걷고 있어

그대들이 걸었던 발자국 위로
내 발자국 포개며

바다와 나

우린 나란히 서 있다
오랜만에 대면이다

아침에 바다는 조용하지만
파도 소리 우렁차다

철썩 치며
다가오는 파도 소리에
깜짝 놀라 뒷걸음질한다

나 이미
다가온 물결에 잠겨
멍하니 생각에 잠긴다

나란히
서 있는 갈매기
파도에 실어다 줄
아침 식사 기다리고

나 철썩 치며 다가올
너의 마음 기다리고

우린 바다를 보며 나란히 서 있다

나무와 장미

늦은 가을
큰 나무에 두 눈이 있어
빨간 장미를 바라보는 커다란 두 눈에
눈물이 그렁그렁해
한 송이 장미
차마, 나무 곁을 떠나지 못해 머뭇거리고 있어
모두 가야 할 때를 알고 떠나갔으나
홀로
나무에 기대 힘을 잃어가고 있는 너
헤어짐 너무 슬퍼하지 마
깊은 겨울잠 푹 자고 나면
새롭고 싱그런 모습으로 다시 볼 수 있으니
기다림도 사랑인 듯해
하나님은
생명이 있는 모든 살아있는 것들에
사랑을 심어 두었나 보다

내 눈엔 그래 보여

멀리서 보니

저 멀리 강가
움직이는 두 사람
멀리서 보니 개미만큼 작아
이리저리 움직임이
핸드폰 속 동영상을 보는 듯해

시름 나고 살아가는 동안
자연 속에 숨 쉬고 살다
그 품속에 잠드는 것을

저 멀리 강가
행복해 보이는 젊은 두 사람이
설교하는 것 같아

멀찍이 보니 하나님이 보여

아줌마 거리

언제부터였을까
심심한 골목길에 작은 옷 가게들
하나둘 생기더니
카페도 생기고 꽃집도 싱싱한 과일가게도
해 같은 모습으로 뽐내며 서 있다

모퉁이 길 작은 소품 가게엔
신기한 물건들 빽빽하게 부둥켜안아
아랑곳없이 사랑을 나누는 모습에
잠시 멈춰 선다

아침
집안일 대충 끝나면
골목길엔 너도나도 기대에 찬 모습이
분명 어여쁜 소녀 얼굴이다
모처럼
바람도 쐬고 우연히 아는 사람도 만나
이런저런 소식도 들어

마음이 꿈틀거리는 곳

깊은 한숨이 노래가 되어

소망을 주는 이 거리엔 사랑이 출렁거린다

어쩌다 예쁜 옷 사노라면

지친 얼굴 꽃처럼 살포시 피어나고

두 손엔 행복이 살짝 걸쳐 웃는다

기다란 이 골목길엔

오가는 이들이 만들어 놓은

소담한 질서가 가지런하게 숨 쉬고

회복이 기다란 손을 내민다

아줌마

집으로 가는 길

한 손엔 회복이 다른 한 손엔 행복이 묵직하다

세월이 흐르고 봄

세 여인
그렇게 시간이 흐른 뒤
봄이 왔다고 벚꽃이 피었다고
얼굴 한번 보자 한다

아이 서너 살 때 만난 인연이니
강산이 두 번 변해가고 있다

주름진 얼굴
두둑한 살들
이런저런 집안일로 수심이 가득하다

수험생 아이 뒷바라지와
시부모님 모시고 살며
나들이 갈 여유 없이 희생하는 모습은
우리가 엄마이기 때문이리라

풋풋하던 시절 만나

내 아이 잘 키워보겠다고 함께 했던 날들
아련한 기억들이 꿈틀거린다

수고했다고
살포시 안아주고 올걸
다시 만나면
한 여인으로 여자로 새롭게 시작하자고
바람 좀 훅 넣어주고 오고 싶다
그럴 것이다

산에 무지개가 떴다

봄비가 내린 뒤
산은 연한 초록, 산길은 촉촉하다
줄을 지어 너나 오르고
끝도 없이 펼쳐진 가파른 돌길은
산 사람들의 인내를 시험한다
돌부리 길을 지나면
몇 백 년 묵은 뿌리 넝쿨
헉헉 숨이 차올라
한계를 느끼는 순간
햇빛 내린 돌의자 선뜻 몸을 내어주고
앞뒤
가쁜 숨소리들
메아리 되어 응원한다
목적지에 도착한 산 사람들
삼삼오오 시끌시끌
촉촉한 산 정상에
일곱 색깔 무지개가 떠 있다

그곳에 가는 길

들길을 지나다 마주한
나른한 들국화가 어느 기와집 담벼락에
옹기종기 앉아 수줍게 인사한다
길가에 늘어선 가을 나무들
마을을 지키는 병정처럼
우렁찬 목소리로 환영하고
얼굴을 스치는 쌉싸름한 바람과
바쁘게 떠다니며 큰 성을 이룬 뭉게구름도
어서 오라 손짓한다
언덕배기 높이 솟은
그곳에 가는 길이 어찌 그리 행복하던지

달빛 내린 밤

화려하던 축제가 끝나고
사람들 제각기 떠나간 텅 빈 공원엔
소리 없이 달빛이 내린다

소란스럽던 환호 소리와
바쁘게 오가던 발길 소리도
어느새 고요해진 지금
텅 빈 공연장엔 누구 하나 부르는 이 없다

그저 홀로 앉아 기다린다
네가 오기를
아니 나는 기다리지 않았다
너는 오지 않았다

저 멀리 내려다보던 달빛
내게로 와 조용히 손을 내민다
마음으로 덥석 손을 잡는다

나는 벗을 만났다

엄마 품 같은 달빛을 온몸으로 만났다

대박을 꿈꾸며

무심히 지나다 잠시 멈칫했으나
꿈을 파는 가게 문을 열고 들어섰다
건네받은 자동 로또 번호
지갑 열어 소중하게 넣고 나오는데
쑥스러움에 뒤통수가 간질거린다

1등 당첨을 꿈을 꾼다

마당이 있는 아담한 단층짜리
예쁜 집을 짓고
앞마당엔 잔잔한 들꽃들을 심는다

뒤뜰엔 조그만 텃밭도 만들어
상추, 오이, 고추가 이미 푸릇푸릇하다
지붕은
빨간색이라 멀리서 봐도 눈에 띈다

울타리 한쪽엔

노란 들국화가 옹기종기 모여 있고
오전 내 햇빛 받은 돌의자가 따뜻하다

내가 꿈꾸는 주말 하우스다

드디어 오늘
콩닥콩닥 숨죽이며 뒤적뒤적
넣어 두었던 복권
슬며시 꺼내 티비 앞에 앉았다

역시나 꿈은 꿈일 뿐
벌떡 일어나
점심부터 쌓인 설거지 하느라 손이 바쁘다

길이 부른다

누군가 걸었을 이 길을
오늘은 내가 걷고 있다
마음이 발자국 소리만큼이나 무겁다

뱅글뱅글 돌고 도는 감정의 소용돌이
걷다 보면 잠잠해지려니 그저 걸어본다

강가를 돌아서니
하늘하늘 춤추는 커다란 수양버들 보이고
나 그 아래 철썩 주저앉아
무거운 근심덩어리 내려놓는다

바람에 휘날리는 수양버들
내 얼굴 간질간질 근심 놓고 가란다
정말 그래도 되는 걸까?
나 가벼워진 마음으로 사뿐히 일어선다

마음은 다 그래

하늘로 솟은 초록 나뭇가지에
힘없이 걸터앉은 하얀 뭉게구름
고개를 푹 숙이고 생각에 잠겨 있다

아픈 마음 꺼내 들고
만지작거리다 다시 쏙 넣고
돌아서려는 구름
나지막한 목소리로 불러본다

쓰리고 아프던
얼룩진 내 마음 시들러 내보이며
애써 미소를 보낸다

구름아
마음은 원래 그래

좀 쉬었다 천천히 가렴

제2부.
여름, 너를 만나면

따스한 봄빛이라 하기엔 부족하고
겨울이라 하기엔 좀 어설픈 오늘

우리 동네 카페

우리 집 앞
건널목을 지나 장 보러 가는 길목에
아담한 카페가 있다
전엔 옷가게였던 자리인데
총각 같은 아저씨가 어느 날 카페를 열었다

그곳에 가면
마음이 차분해지고
목소리도 조근조근 교양 있는 아줌마가 된다

커피 향이 좋다는 마니아도 많다
긴 광목 커튼과
초록 화분들이 있는 그곳에서
커피를 마시며
바깥 풍경 바라보는 그 시간이 참 좋다

장을 보다 만난 친구
지윤이 엄마는

그곳 커피 향을 참 좋아한다

오늘도
같이 장을 보고
집으로 가는 발걸음은 씩씩하다

지독한 외사랑

사랑
언제까지 이런 외사랑을 해야 하는 걸까
난 끝없이 외사랑 중이다
생명을 잉태하고 세상에 내보낸 엄마 된 책임으로
하나님은
외로운 사랑을 주셨나 보다
우리를 사랑하는 당신처럼

우리 아이
아장아장 걸음마 시작했을 때
얼마나 사랑스럽던지
집 앞 놀이터에서 신나게 뛰노는 모습 보며
뭐라도 할 큰 인물 될 거라 기대도 했어

학교에 보내놓고
조마조마 살며시 교실 들여다보면
내 아이 또 얼마나 총명하고 예쁘던지
그러나

사춘기가 오니 내 심장 너덜너덜
그런 아픔 처음 경험이었어
그래도
놔지지 않은 사랑은 끝없이 더 깊어만 가고
아직도 외사랑이라니

엄마라서 그런가 보다

속만 채우다

시댁에 김장하러 가는 길에 안개가 자욱하다
이 나이가 될 때까지 어머니는
한 해도 거르지 않으시고 손수 지으신
무공해 배추 무 마늘 고추로 김장을 하신다
며느리인 나는 배추 속만 채우러
시골길에 심취해 운전대를 돌린다

일을 잘 못하는 며느리가 민망할까 봐,
절이고 양념을 준비하시는데, 정작 김장하는 날에
날름 속만 채워 집으로 가져오는 나,
이제 나이가 들어 생각해 보니 너무 죄송하다

딸은 할머니 김장하시는 비법을 꼭 배워 오라고
당부한 지가 몇 년이던가?

"내년에는 너희들이 담가 먹어라
이젠 나이 들어 힘이 드는구나
올해가 마지막이다"

말씀하신 지가 몇 해이던가?
대수롭지 않게 지난 세월이다

올해도 배추김치 다섯 통, 무김치 두 통, 파김치 한 통
그리고 뒷마당에 심은 파 한 뭉치가 트렁크에 실린다
일 년 치 김장을 준비해 주신 어머니는
아마도 며칠 누워 앓으실 거다
오늘 밤은 생각이 많아진다

가지런한 슬리퍼

스무 살 딸
새내기 대학생
기숙사 입주하느라 먼 길
살림살이 가득가득 싣고
아침 일찍부터 달리고 달린다
끙끙 짐을 내려놓고
몇 가지 규칙들을 전해주며
토닥토닥 잘 살아라

텅 빈 자동차 집으로 가는 길
내 심장 하나를 두고 온 것 같아
가슴이 아리아리하다

현관문을 열고 들어서니
그녀가 내내 신고 다니던
빛바랜 슬리퍼가 나란히 놓여 있다

아마도 집을 나설 때
가지런히 놓아두고 나간 것 같다

타들어 가는 마음

모두가 잠든
고요한 이 시간
잠 못 이루는 내 마음은 타들어 간다

폭풍 문자로 두려움을 보낸다
열을 보내면 답 하나
좀 늦겠단디

이불 속 누워보지만
잠이 올 리 없다

문자 하나 들어올까
문 여는 소리 들릴까
조마조마 가슴은 타들어 간다

아, 들린다
띠띠띠띠 문 여는 소리
딸이 들어온다

다행이다

내 생일인데

이월 이십삼 일
따스한 봄빛이라 하기엔 부족하고
겨울이라 하기엔 좀 어설픈 오늘
내가 차려놓은 생일상 무색하기 그지없다
식탁 위에 앉은 나
미역국 잡채 주섬주섬 입속으로 주워 넣는다

아침
카톡으로 전해온
이마트 상품권 하나, 남편이 보내온 생일선물이다
섭섭하지 않다는 것은 이미 내려놓았다는 것
오늘 날씨만큼 어설픈 우리
말라버린 선물이 무색하다

무심코, 10년 전 받은
큐빅 달린 목걸이를 만지작거린다

함께 걷는 게 어디야

발맞춰 걷는 거 왜 이리 힘든 거야
머리에 힘 빼고
마음에도 힘 빼고
그저
가볍게 발맞춰 걸으면 될 텐데
내 발이 먼저 가면
네 발도 덩달아 앞서가
꼬이고 꼬여
너 저만치 나는 이만치
따로 걷는 우리 부부
그래도
함께 걷는 게 어디야

가로등 씨

산책로 후미진 길모퉁이에 서 있는
훤칠하고 키 큰 가로등 씨는
오늘도 따뜻한 불빛으로 반갑게 인사한다

눈이 오나 비가 오나 바람 불어도
항상 그 자리 겸손하게 서 있는
우리 동네 밤길을 지켜주는 든든한 벗이다

늦은 밤
이제나저제나 올까
딸을 기다리는 내 아버지 모습 같기도 하다

밤길을 걸어 걸어
만 보를 채우고
헉헉 숨 가쁘게 왔던 길 다시 돌아오면
멀리서 불을 밝히며 기다리시는
분명 내 아버지 모습이다

늦은 밤

어두움을 몰아내고

불을 밝혀주는 네가 있기에

그리움도 묻어 두고 간다

3단 창문 너머

교회 안
옆으로 보이는 창문이 3단이다

안에서 창을 통해 보는
바깥 풍경들이 바람에 사부작거린다

풍경이
어제보다 오늘이 더 겸손하고
성숙해 가고 있다
나도 성숙을 위해 노래한다
삶이 깊어지기를

창을 통해 보이는 나뭇가지들
늘씬하게 늘어뜨려
넓적한 잎사귀들 곱게 틔워주고 있다
가을이 오면
노랗게 물들어 도란도란 속삭이겠지

추운 겨울이 오면
자신을 내어주는
최고의 성숙을 보여줄 것이다
예수님처럼

난 아직도 제자리를 맴맴 돌고 있는데
이 시간
창문 너머 풍경들이
내 마음을 흔들고 있다

따라쟁이

하늘과 바다는
서로 닿을 수 없으나
둘은 이미 닿아 있다

하늘은 바다를
바다는 하늘을 늘 마주 본다

하늘이 미소 지으면
바다는 덩달아 하늘을 날고
하늘이 슬퍼 눈물 흘리면
그 눈물
치마폭에 한없이 받아내는
둘은 하나다

엄마와 딸처럼

엉킨 실타래

엉킨 실타래
풀어내기 여간 어려워

감정도 그래
소중하던 마음도 엉키게 되니
속수무책 되더라고

작은 실오라기 하나 매듭짓지 않으니
타고 오르고 올라가
믿음도 신뢰도 사라지고 말더군

엉킨 실타래
손을 대면
엉키고 더 엉켜 풀 수가 없어

단번에 푸는 방법이 궁금해
내 엉킨 실타래
하나님이 풀어 주시면 좋겠어

내 낯빛

오래전 사진 속
풋풋한 내 얼굴이 낯설다

세월은 흘러
가슴은 이런저런 멍이 들어
날이 갈수록
낯빛은 흐려져 가는데

세월이 흐르고 어느 날
내 모습 다시 보게 되면
어떤 빛으로 물들어 있을까?

고운 빛 은은하게 번져
위로와 사랑의 빛으로 물든
내 낯빛 되어라

이제 깨어나셔야지요

겉모습은 희희 호호
그러나
허공에 흩어지는 너의 정신줄
힘을 잃고 떠돈다
누구에게 주고 무엇을 받아온 걸까
이리 뜯기고 저리 휘둘려
초라하고 텅 빈 반쪽 가슴
희미한 눈빛은 이미 총기를 잃었다

누가 훔쳐 갔나요?
누구에게 빼앗겼나요?

주인 잃은 정신 허공에 부유하니
날아가던 새가 와
쪼아먹고 들풀이 웃고 지나가네요

그대
이제 깨어나셔야지요
빼앗긴 정신 잡아 오셔야지요

네가 있어 다행이야

같은 시간 속 탑승한 인생 기차
붕붕 요란한 기적소리
그 안에 너 있고 나 있다
함께 오른
스치며 부딪히는 많은 사람
어디를 향해 가고 있는 걸까
가다가다 어딘가에 내리겠지

너와 나
함께라서 다행이야
내 가는 길에
벗이 되어줘 고마워
가다 먼저 내리기 없기야
종착역 우릴 기다리는 이
있으니

인연의 끝자락

젊은 날의 순했던 기억들
보잘것없지만 내 것을 내주었던 마음
봄나물 뜯어 밥상 차리고
소소한 행복 나누었던 추억

봄날
그 기억들이 나를 물러냈다
설레는 마음으로
푸르른 길을 따라 달린다

반기 오 이 모인나
차를 내오며 오고 가는 대화
아
마음 화들짝 놀라 덜컹 문 닫히는 소리
그녀의 말이 상하여 내게로 오지 못한다
냉장고 고장이 원인인 듯하다

속 인연이 운다
지나온 날들도 눈물짓는다

심심한 오후

은색 텀블러에
뜨거운 커피 넉넉히 준비해
우리 동네 뒷산 멀찍이 보이는
까치네 집 앞에
자동차를 세웠다
커피 한 모금 조심스레 넘긴다

요즘
오미크론 확산으로
바깥출입 자제하다
모처럼 집을 나섰는데
저 멀리 보이는 까치네
추워서인지 미동이 없다

혹시,
아픈 건 아닌지 걱정이네

일단 한번 가보자

혼자 떠나보자

첫 번째 여행지는 여수 밤바다

굳어진 사고 움츠러든 마음

활짝 펴고

잠자는 나를 깨워

떠나보는 거다

가볍세

그냥 한번

가보기라도 하자

이 나이에 뭐가 두렵다고

어차피 인생은 내 알아서 가야 해

혼자 내딛는 걸음

시작이 반이다

내딛자

떠나보는 거야

인생이니까

살아갈 날이
살아온 날보다 짧아진 지금
지나온 날들이 아프다
순간들이 모여
아련한 추억이 되어 또 아프다
무엇으로 싸매 줄 수 있을까
반백 년을 훌쩍 넘겨
덩그러니 서 있는 날 바라본다
어떤 인생이든
아프지 않은 삶은 없을 것이고
누구나 지나온 날들에
아쉬운 얼룩이 없으랴
초연하게
응어리를 풀어내고 싶다
아픔이
노래와 시와 그림이 되게
가슴에 이슬을 달아놓고 싶다

내 딸 꿈도 파랗다

가을 하늘이
파랗다
높고
청명한 하늘

아침 일찍
책 보따리
주렁주렁
어깨에 메고
집을 나선
수험생
내 딸
꿈도 파랗다

높고
파란
저
하늘처럼

봄이 오고 있다

겨우내
찬 서리 모진 풍파에도
늠름하게 서 있는
교정의 고목나무에 봄이 걸터앉아 있다

큰 몸집 옆구리에
여기저기 아기 새싹들 삐져나온다
엄청 급했나 보다

긴 코트에
목도리 훌훌
벗어 버리니
겨우내 묵었던 체증이 내려가
내 속에서 춤을 춘다

마음에 짙게 내려앉았던
크고 작은 고된 생각들
이제 보내주자

해결하지 못한 긴 이야기는
서랍 속 깊숙이 넣어두자
묵은 것은 묵은 것대로 그냥 묵혀두면
기품 있는 진국 신사가 될 수도 있으니

새봄과 함께 큰 거목을 뚫고
삐죽하게 세상 밖으로
나온 아기 나무처럼
이제
내 안에 새순
아름드리나무 되어
시원한 쉼터가 되도록
풍성하게 키워보자

봄이 내 안에서 꿈틀거린다

제3부.
가을, 너를 만나면

가을꽃 내린 고운 길을 홀로 걷는다
너는 그곳에 나는 이곳에 있다

고향에 돌아오다

긴 여행을 마치고
내 아버지 숨 쉬는 고향에 돌아왔다
그 사랑이 서둘러 나를 불러냈다
따뜻하다
한숨 쉬고
곱게 단장한 마당을 거닐며
한쪽 모퉁이에 핀 민들레 한 송이에
무릎을 꺾어본다

순이 꽃

산속에 핀 노란 들국화
나무 뒤에 숨어
누굴 그리 기다리고 있는 거야
그리운 이 지나가면
살짝 보고 숨어 버리는
부끄럼쟁이 순이 꽃

봄, 그대가 떠나갔습니다

아름다움을 선사하고
홀연히
그대가 떠나간 자리엔
황량함만 남아 있습니다

검게 타버린 모습
멍하니 바라볼 수밖에요
지친 마음 위로하며
행복을 주고 꿈도 주던 그대가
내 곁을 떠나갔습니다

따뜻하게 웃어주던 그 모습
이제 볼 수 없습니다
내년을 기다릴 수밖에요
봄

초승달의 꿈

분주하고 바쁜 일상의 현장에도
조용히 빛나는 네가 거기 있었어

잠잠히 기다리다 적당한 시간이 흐르면
마침내 존재감 상승시켜
오가는 사람들 사이 사이로 둥실 떠오르지

침묵의 시간
자신을 키우는 지혜를 보았어

시간이 흐르고 어느 날
바쁜 우리들의 일상 속으로
금빛 화살 쏘아대겠지

흐린 서쪽 하늘
가느다란 눈썹 치켜세우고
너는 지금
잠잠하게 침묵 수행 중이지

그 집

부슬부슬 겨울비 소리 없이 내린 오후
무턱대고 길을 나선다
창백하고 짙게 탄 겨울 풍경들 위에
안개비 하얗게 내려앉았다
모처럼 존재감 상승이다
구불구불 들길 조심히 지나니
아담한 붉은 벽돌집 보인다
마당 한쪽에 서 있는 메마른 나뭇가지
빗방울 송이송이 꽃 되어 반갑게 인사한다
선물 같은 겨울꽃이다
봄엔 어떤 모습이었을까
커피가 있는 작은 책방
그 집이 나를 반긴다

고요한 달빛

달빛 환하게 내려앉았다
지붕 위 나무 위 길 위에도

고요한 밤길 풀벌레 소리
누굴 그리 애타도록 부르는 걸까

그리다 그리워하다
허공을 치던 내 마음에도

밤늦도록
애절히게 부르딘 너에게도
고요한 달빛
살포시 내려앉는다

너는 그곳에

가을꽃 내린 고운 길을 홀로 걷는다
너는 그곳에 나는 이곳에 있다
고운 빛
같이 볼 수 없음에
쌉싸름한 바람
함께 느낄 수 없음에
내 마음엔
가을비가 소리 없이 내린다

사랑 꽃

누가 귀한 사랑을 흘리고 간 거야
내가 얼른 주워 가슴에 쏙 품을 거야
새록새록 사랑 꽃 탐스럽게 피워내
나도 여기저기 흘리고 다닐 거야

나 아직 그곳에

언제나 그 자리 그곳에
나 있었어
네가 보지 못했을 뿐이야
평정
잡아가기 위해
마음속은 늘 분주했지

시간이 흐르고 고요해진 지금
다시 들여다보니
나 아직
그곳에 머물러 있음을
네가 보지 못했을 뿐이야

이미 시간이 지난

얼음 같은 겨울바람
인정사정없이 후려치는
거친 파도에도
의연하고
꿋꿋하게 서 있는 널 본다

미움도
서러움도 이미 지나갔다
그저
아무 의미 없이
비리민 볼 뿐

이미
울렁이던 파도
싸늘하던 바람도 지나가고

추운 바다
돌바위 위
너 홀연히 서 있다

명랑한 아가씨

방긋 웃는 그대는
오늘도 맑음입니다
햇살입니다
사르르
사랑이 춤추며 스며듭니다
웃음이
펄쩍 뛰며 다가옵니다
그대 이름은 언제나 맑은
명랑한 아가씨입니다

네가 온다면

이리 기웃 저리 기웃
마음 나눌 수 있으려나 용기 내어 보지만
돌아오는 발걸음은 역시나 허당이다

마음은 점점 닫혀가고
너도 내게서 멀어져 가듯
나도 누군가에게서 멀어지고 닫혀간다

그래도 혹여나
종종걸음으로 내게로 와
밤새워 긴 얘기 나누다가
아침을 맞을 네가 온다면
나 참 좋을 것 같아

상처 난 네잎클로버

길을 걷다 눈에 들어온
초록초록 네잎클로버
자세히 들여다보니
잎 하나 반쪽이 찢겨 나가
상처가 나 있지 뭐야

행운을 준다는
네 잎을 가진 너, 내게로 와 주었으나
상처 난 네 모습에 마음이 편치가 않아

세 잎을 가진 친구들에 둘러싸여
멋지고 당당해 보이지만
때론,
많이 지치고 힘들었나 봐

몸이 떨어져 나가도
행운을 주려는 너로 인해
사람들

꿈을 꾸며 소망도 품었을 거야

아파도 내게로 와줘 고마워
너의 아픈 상처
호호 불어 치료해 줄게

한 시절 인연

밤새워 뒤척인다
문제는 해결되지 않고
그 자리
그 모습
그 마음
딜레마에 빠져 있다
거미줄에 걸린 파닥이는 나비처럼

힘을 뺀다
마음을 내려놓는다

너는 너대로
나는 나대로

같은 하늘 아래
너 숨 쉬고
나 숨 쉬고 살면 됐다

한 시절 인연으로
네가 있었다

풀리지 않는 진실

날을 지새우며 흘린 눈물
메마른 내 이불을 적신다
풀릴 듯 풀리지 않은 그 무엇
호지 추측을 풀어내는 것만큼이나
어려운 문제이다

오려다 말고 메아리 되어
너에게로 다시 돌아간다
너도 그렇고
나도 그렇고
우린 아프다

풀리지 않은 진실
허공을 치며 빙빙 돌 뿐
내게로 오지 못한다
그래서 우린
풀리지 않은 수학 문제이다

지친 진실

내게 머물던 그리움이
후다닥 떠나갔다
마음속 꿈틀거리며 꿈을 주던 너
매정하게 손을 놓았다
너와 나의 사랑의 줄 끊어져 내려
너덜너덜 초라한 나의 마음
허망한 텅 빈 너의 마음

지친 진실이 손을 놓았다

사랑이 화가 났다

말랑거리고 단내나던 사랑이
심통이 났나 보다
미움보다 더
사무치게 일그러져 있다

따스하던 마음
빛나던 눈빛은
저만치 멀어져
가슴은 검게 타올라
재가 되어 가는데

너와 나 사이
바쁘게 오가며
몽글몽글 피어오른 사랑
전해주던 노랑나비
나무에 걸려 힘을 잃었다

바람아 불어라

나무야 크게 한번 재채기를 해다오
머리 숙인 사랑이에게
어서 가
내 마음을 전해주게나

세 잎을 가진 너

꽃은
골목길 어딘가에서 널 기다렸다
너는 어쩌다 길을 잃었는지
내게로 오지 못한다
사납게 성을 내던 여름이 지나고
선비님 옷자락 수줍게 잡아끄는
하늬바람 불어오는데도
너는 아직 인기척이 없다
꽃은
여름날 뜨겁게 흘러내린 땀방울에
한 잎 놓쳐 버리고
밤새 내린 거센 빗줄기에
또 한 잎 흘려보내니
아슬아슬 남아 있는 세 잎으로
골목길 외진 모퉁이에
아직도 어설프게 서 있다

혼자 놀기

매번
누구랑 함께 한다는 거
쉬운 일 아니야
이것저것 신경 쓸 거 많고
내 속에서 나오는 어설픈 것들로
때론
잠 못 들어 밤을 지새우기도 하니
오늘 같은 날엔
훌쩍 빠져나와 혼자 놀이 중이다

사진도 찍어보고
들꽃 가까이 다가가
살며시 말도 걸어보고
준비해 온 따뜻한 차도 마시며
고운 것들로 하나하나 채워가니

어느새 초록 꿈이 내 안에
스르르 들어오고 있다

휴식

천으로 만든 꽃가방에
작은 물병 핸드폰
봐야 할 책 넣어 나 산속 카페에 와 있다
시원한 바람 내 얼굴 장난스레 간지럽힌다
지친 몸 바람에 내어 맡기고
머릿속 이런저런 생각들 나란히 줄을 세워본다
부피가 큰 문제부터 사소한 것들까지
줄줄이 세워놓고 보니 정갈하니 보기에도 좋다

나와 함께한 문제 거리들
하나하나 잘 달래 보내줘야겠다

제4부.
겨울, 너를 만나면

하얀 눈이 흩날리는 그 겨울에도
잠시 걸음을 멈추게 되는 건 네가 떠올라서 그래

데코레이션

모두 잠든 이른 새벽
예쁜 그믐달을
교회 앞
메마른 나뭇가지에
환하게 걸어 두셨다

아직은
고요하고 엄숙한 그 시간에
가슴 시린
누군가를 위해
응원의 깜짝 이벤트이셨으리

찰나
내 마음이 출렁이면서
멋지신
창조주 하나님을 난 찬양한다

지으신 이 있으니

알아주는 이 없어도
그 자리에
박수 치는 이 없어도
그곳에
찾아와 주는 이 없어도
청초하게
지으신 이 있으니
한결같은 마음으로
그 자리에
꽃이 되어 향기 되리라

하늘에서 보내온 꽃바구니

백화점 하늘 공원에
세상에서 가장 크고
탐스러운 꽃바구니가 배달되었다
꽃을 보니
묵은 체증이 시원하게 내려가고
가슴을 짓누르던 통증
스르르 내려와 앉는다

오고 가는 길목에 서 있는
커다란 꽃바구니
누구나 바라보면
기적의 꽃이 되리라

살아내느라
고군분투하는 외로운 너와 나를 위해
하늘에서 보내온 특별한 위로의 꽃바구니

너에게 보내준 소망의 꽃바구니

나에게 보내온 사랑의 꽃바구니
난 그렇게 믿어진다

가야 할 그곳

이 세상 태어나
애태우며 살다
너와 나 우리는
그곳으로 간다네
저 높은 그곳은
영원하다 하네
잠시 이 세상 머물다
가야 할 내 집은 저곳이라네
나 잠시
잊고 살았네
나, 가야 할 저곳이 있음을

기적의 꽃

소망의 꽃은 피어나라 활짝 피어나라
함박웃음 머금은 싱그런 꽃망울들
기쁨의 꽃으로 피어나라 찬란하게
내 마음속 몽글몽글 기도의 꽃망울들
기찬 응답으로 활짝 피어나라
주님의 은혜의 단비 촉촉이 내려
활짝 핀 기적의 꽃으로 만발하리라

순결한 그대

그대가 있는 어느 곳이든
내 사랑도 함께 있습니다
그곳은 거룩입니다
그대의 숨결 머무는 곳에
내 소망도 머뭅니다
그대의 심장
내 심장과 호흡하며 노래가 됩니다
내 삶은 축복입니다
그대가 있으므로
삶은 노래가 됩니다

내 손 잡아 주소서

내 모습 이렇습니다
삐삐 말라 윤기 없어
아무 쓸모 없는 내 모습
이 모습 이대로
주님을 향해
두 손 높이 듭니다
깡마른 나의 두 팔
하늘 향해 높이 들어 올립니다
잡아 주소서
꼬옥 붙드소서

그 사랑

바람 불면 날아갈까?
눈이 오면
꽁꽁 얼음 될까?
비가 오면
쓸려 내려갈까?
조마조마해진 가슴
거친 숲 헤치고 나와
곱게 피어난 들꽃처럼
그 사랑
내 마음속 오롯이 피어나
영원히 춤추게 되리

작은 손

저 여기 있어요

보이시나요?

손을 조심스레 내밀어 보았지만

내 손이 너무 작아

보이지 않은 건지

잡아 주질 않네요

그렇지 않아도 작은 손

콩만큼 작아지겠어요

참새 마을

멀지 않은 시골 마을에 작은 교회가 있다
그 앞 작은 공터 언덕배기가 있는데
그곳 넝쿨 숲이 참새 마을이다
넝쿨 속 위아래로 들락거리는 수다쟁이 참새떼들
어쩜 그리 많은지
하나둘 세어 보지만 이내 포기하고 만다
저 참새떼들 무얼 먹고 사는지
걱정하며 보고 있는데
참새 한 마리도 먹이신다는 말씀이 생각나
서둘러
가볍게 돌아선다

여름 바람

바람이 분다
들녘의 들꽃
나풀나풀 춤을 춘다

고구마 줄기 따던 울 엄마
저고리 흠뻑 젖어
주르륵
땀방울
빗물 되어 흐르는데

시원한 바람
휘리릭 불어주는
초록빛
여름 바람
지금은 어디로 갔을까
울 엄마 따라갔을까?

흔들리지 마

들에 핀
하늘하늘 꽃마리야
살랑이는 봄바람에도
드러눕고 마는 너
언제까지 흔들흔들할 건데

이제
여기저기 눈치 그만 보고
뿌리를 깊이 내려봐
너
충분히 특별해

널 보면 그래

뽀얀 네 얼굴 보고 있음
마음이 금방 순해지는 것 같아
아깐 툴툴거리며 집을 나섰는데
널 보니
마음이 금세 환해지고
웃음이 나와
널 보면 그래
노란 들국화

뚜벅이

인생은
혼자서 걸어가야 해
나 오늘도 뚜벅뚜벅 걷고 있어
누구나
혼자만의 몫이 있어
아무도 대신해 줄 수 없는
누가 날 위해 걸어주겠어?
두 다리로 내가 걸어야 해

이른 아침 눈을 뜨고
잠이 들기까지
사람들 걷고 또 걸어
각자의 인생에
얼마만큼의 시간이 주어질지
아무도 몰라
그래서 하루하루가 소중해

오늘도

내게 주어진 고귀한 시간 속에

뚜벅뚜벅 걷고 있어

하늘 향해 걷고 있는

난 명랑한 뚜벅이야

하늘에 큰 잔치가 열리나 보다

푸르디푸른 하늘 위로
춤을 추듯 급하게 지나가는 하얀 구름
하늘에 무슨 일이 생긴 걸까?
구름이 바쁘다

아마도 큰 축제가 열리는가 보다

살랑살랑 떠다니는 새털구름과
여기저기 구경하며 떠드는
수다쟁이 뭉게구름
엄마 손 잡고 종종걸음 아기 구름과
행사 준비하느라
후다닥 달리는 회색 구름은 바쁘다

다정하게 속삭이는 사랑이 구름은
행복에 겨워 춤추듯 가볍다
모처럼 길을 나선
조심조심

노인들의 길게 늘어선

은회색 구름 뒤로

건장한 청년들의 힘찬 먹구름은

금방이라도 폭죽을 터트릴 기세다

오늘

하늘에 큰 잔치가 열리나 보다

나도 그들 속에 함께하며

중앙 본부석 마이크 넘겨받아

내가 좋아하는

비장의 노래를 멋들어지게 쭉 뽑고 싶다

나의 호수

속이 보인다
맑고 잔잔한 호수에
어색하게도 넓적한 바윗돌과
주먹 크기의 돌멩이들
자라다 말고 주저앉은 풀잎들 위에
차가운 물병
술 취한 듯 너저분하게 누워 있다

물결은 고요히 흐르는데
그 속에선
이런저런 아픔들이
질퍽하게 흐느낀다

무심코 던진 돌멩이들,
게으르고 흉한 물병과
꿈을 꺾는 가지들
내 속 깊은 곳 어딘가에
교묘하게 숨어 있을지도 모르겠다

날 선 송곳처럼
상처를 내는 굽은 언어들에
그물을 던져보자

갈릴리호숫가
그 완전한 그물로
송두리째 거두어 올리자

마침내
잔잔한 내 호수에
파닥이는 오색 물고기
재미나게 춤추게 하자

구부러진 손

나에게 내밀어 준 너의 손

너에게 내민 나의 손

너도나도 잡으려 안간힘을 쓰지만

왜인지 잡히지 않아

내 손 자세히 살펴보니

구부러져 있지 뭐야

너의 손도 살펴봐

너도 그래 보여

두 손 하늘 향해 쭉 펼쳐보자

나의 손 너의 손

얼른 잡을 수 있게

흰 눈 되어

앙상하게 메마른 들풀들 위로
소복하게 내려앉은 눈 꽃송이
흰 물결 이루어 수줍게 손짓하네

새하얗고 어여쁜 눈 꽃송이 되어
노래하라 하네 새 노래로

쭉 뻗은 목소리로 찬양하라 하네

하얀 꽃송이 새 물결 이루어
온 누리 곳곳에 노래하라 하네

내 그림자야

오후의 햇살 아래 내가 서 있다
기다란 실루엣
나, 땅에 바짝 붙어
걸음을 멈추고 내려다본다

머리는 중 단발
긴 다리에 검은색 나팔바지
또각또각 구두와 회색 백을 메었고
살짝 옆트임이 있는 베이지 자켓을 걸친
오늘 내 모습이다

그림자가 날 보며 웃는다
나도 미소를 보낸다

그래 잘해보자
길은 열릴 것이고
곧 그 길에서
간지 나게 걷고 있는
나를 보게 될 것이다

내게로 오는 길

내게로 오는 길이
그리 험난한 걸까
길이 구부러져
시간이 오래 걸리나 보다

오돌토돌 가로막는 조무래기들
하나하나 치우느라 좀 늦어지나?

내 눈은 벌겋게 번져 가는데
정말 오기는 오는 걸까

나도 일어나
어서
길 치우러 가야겠다